Impressum
Verlag: BABADADA GmbH, Nedderfeld 112 , 22529 Hamburg
Geschäftsführer / Verlagsleitung: Harald Hof
Druck: Books on Demand GmbH, In de Tarpen 42, 22848 Norderstedt

Imprint
Publisher: BABADADA GmbH, Nedderfeld 112 , 22529 Hamburg, Germany
Managing Director / Publishing direction: Harald Hof
Print: Books on Demand GmbH, In de Tarpen 42, 22848 Norderstedt, Germany

škola
Šola

deliť
Deljenje

186/2

tabuľa
Tabla

trieda
Razred

školský dvor
Šolsko dvorišče

učiteľ
Učitelj

papier
Papir

písať
Pisati

pero
Pisalo

písací stôl
Pisalna míza

pravítko
Ravnilo

kniha
Knjiga

žiak
Učenec

školská taška
Šolska torba

peračník
Peresnica

ceruza
Svinčnik

strúhadlo na ceruzky
Šilček

guma
Radirka

skicár
Risalni blok

kresba

Risba

štetec

Čopič

vodové farby

Vodene barvice

nožnice

Škarje

lepidlo

Lepilo

cvičný zošit

Zvezek

domáca úloha

Domača naloga

číslo

Število

sčítať

Seštevanje

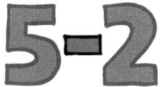

odčítať

Odštevanje

násobiť

Množenje

počítať

Računanje

písmeno

Črka

abeceda

Abeceda

slovo

Beseda

text
Besedilo

čítať
Brati

krieda
Kreda

hodina
Učna ura

triedna kniha
Redovalnica

skúška
Preizkus znanja

certifikát
Spričevalo

školská uniforma
Šolska uniforma

vzdelanie
Izobrazba

encyklopédia
Enciklopedija

univerzita
Univerza

mikroskop
Mikroskop

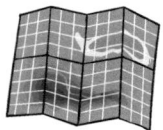

mapa
Zemljevid

kôš na papier
Koš za smeti

cesta
Potovanje

hotel
Hotel
nocľaháreň
Hostel
ROOMS
€XCHANGE
zmenáreň
Menjalnica
kufor
Kovček
auto
Avtomobil

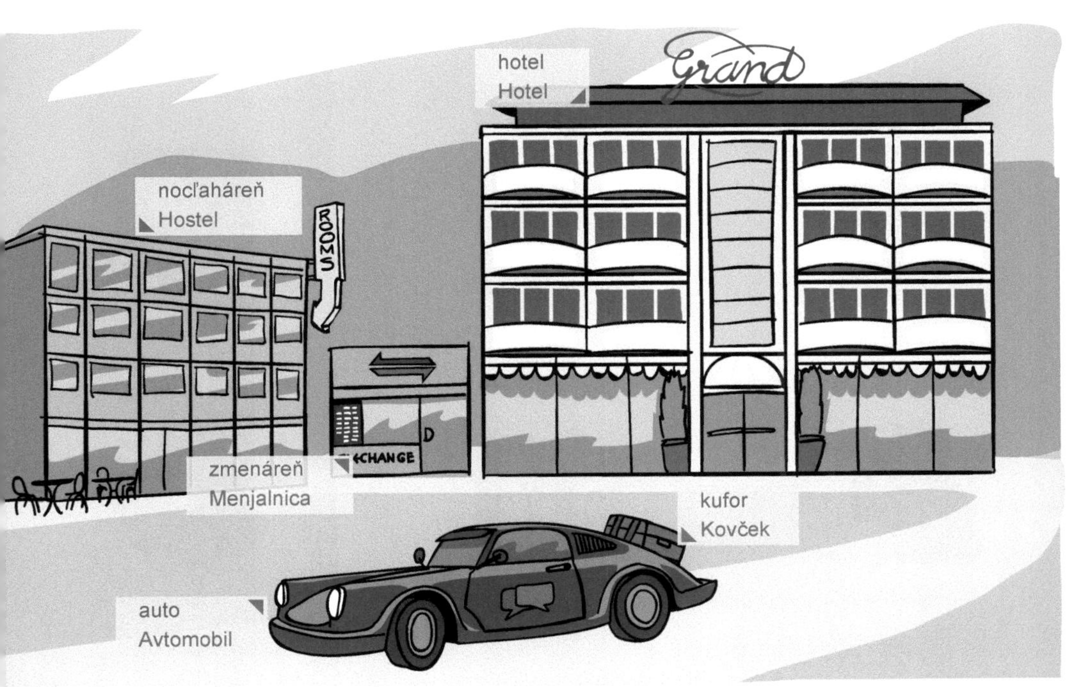

jazyk

Jezik

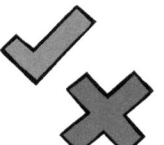

áno/nie

da / ne

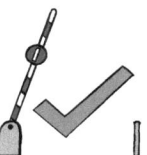

v poriadku

Prav

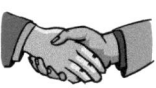

ahoj

Pozdravljeni

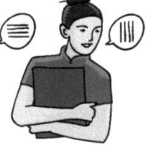

prekladateľ

Prevajalec

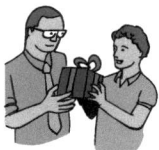

ďakujem

Hvala

Koľko stojí ... ?

Koliko stane...?

Nerozumiem

Ne razumem

problém

Težava

Dobrý večer!

Dober večer!

Dobré ráno!

Dobro jutro!

Dobrú noc!

Lahko noč!

Dovidenia

Nasvidenje

smer

Smer

batožina

Prtljaga

taška

Torba

batoh

Nahrbtnik

hosť

Gost

izba

Soba

spacák

Spalna vreča

stan

Šotor

informácie pre turistov

Turistične informacije

pláž

Plaža

kreditná karta

Kreditna kartica

raňajky

Zajtrk

obed

Kosilo

večera

Večerja

cestovný lístok

Vozovnica

výťah

Dvigalo

poštová známka

Znamka

hranica

Meja

clo

Carina

veľvyslanectvo

Veleposlaništvo

vízum

Vizum

cestovný pas

Potni list

doprava
Prevoz

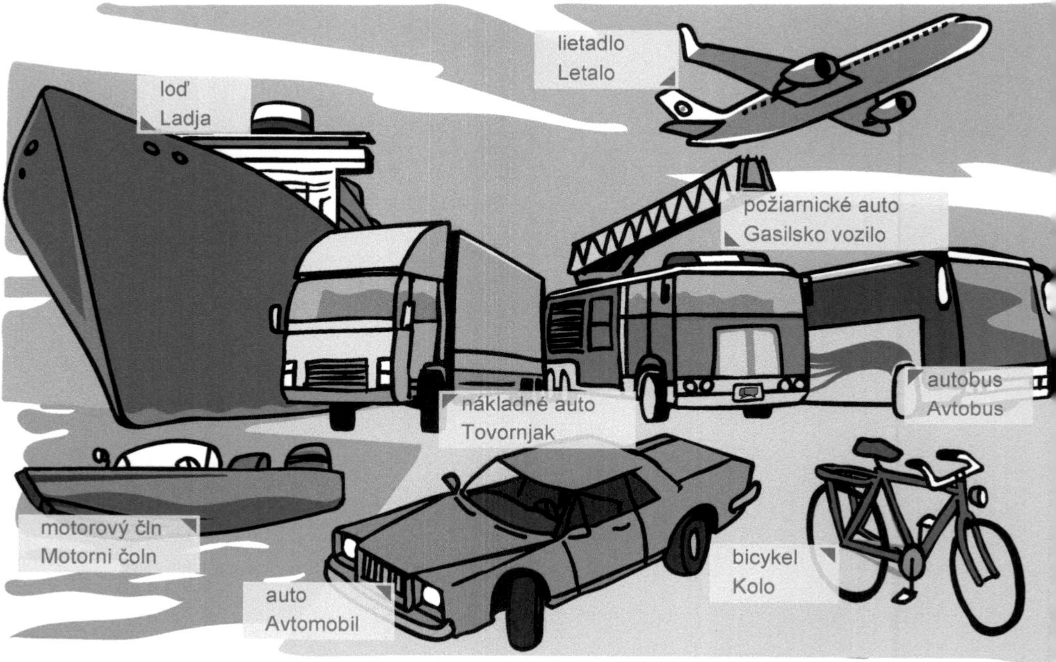
lietadlo
Letalo
loď
Ladja
požiarnické auto
Gasilsko vozilo
autobus
Avtobus
nákladné auto
Tovornjak
motorový čln
Motorni čoln
bicykel
Kolo
auto
Avtomobil

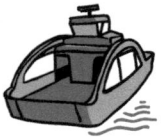

trajekt

Trajekt

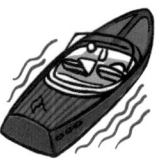

loď

Čoln

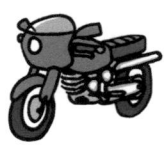

motorka

Motorno kolo

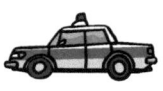

policajné auto

Policijski avto

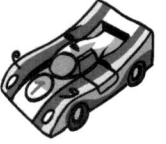

pretekárske auto

Dirkalni avto

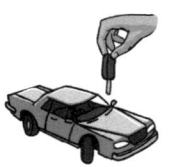

vozidlo z požičovne

Najeto vozilo

carsharing

Souporaba avtomobila

odťahové auto

Avtovleka

smetiarske auto

Smetarsko vozilo

motor

Motor

benzín

Gorivo

čerpacia stanica

Bencinska postaja

dopravná značka

Prometni znak

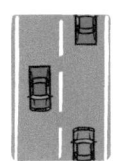

premávka

Promet

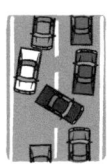

zápcha

Zastoj

parkovisko

Parkirišče

vlaková stanica

Železniška postaja

trate

Tirnice

vlak

Vlak

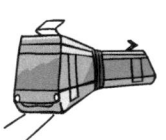

električka

Tramvaj

vagón

Vagon

helikoptéra

Helikopter

letisko

Letališče

veža

Stolp

pasažier

Potnik

kontajner

Kontejner

kartón

Karton

vozík

Voziček

kôš

Košara

štartovať / pristáť

vzleteti / pristati

mesto
Mesto

dedina

Vas

centrum mesta

Mestno jedro

dom

Hiša

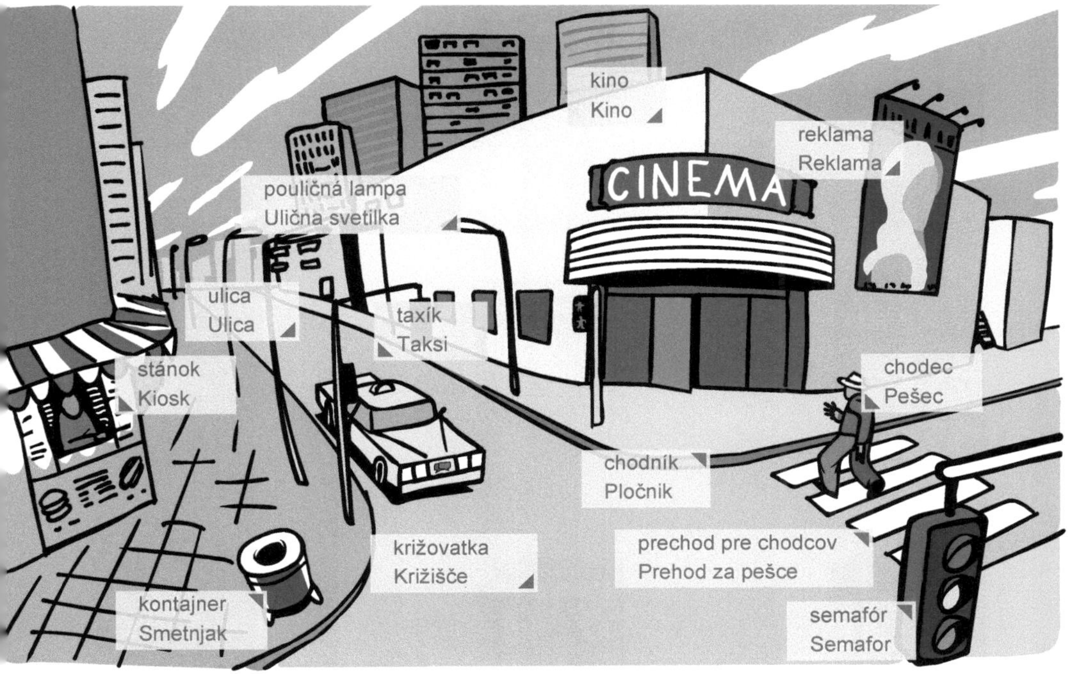

kino
Kino

reklama
Reklama

pouličná lampa
Ulična svetilka

ulica
Ulica

taxík
Taksi

stánok
Kiosk

chodec
Pešec

chodník
Pločnik

križovatka
Križišče

prechod pre chodcov
Prehod za pešce

kontajner
Smetnjak

semafór
Semafor

chata
Koča

byt
Stanovanje

vlaková stanica
Železniška postaja

radnica
Mestna hiša

múzeum
Muzej

škola
Šola

univerzita

Univerza

banka

Banka

nemocnica

Bolnišnica

hotel

Hotel

lekáreň

Lekarna

kancelária

Pisarna

kníhkupectvo

Knjigarna

obchod

Trgovina

kvetinárstvo

Cvetličarna

supermarket

Supermarket

trh

Tržnica

obchodný dom

Veleblagovnica

obchodník s rybami

Ribarnica

nákupné stredisko

Nakupovalno središče

prístav

Pristanišče

park

Park

lavička

Klop

most

Most

schody

Stopnice

metro

Podzemna železnica

tunel

Predor

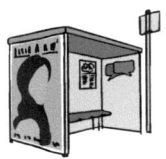

autobusová zastávka

Avtobusno postajališče

bar

Bar

reštaurácia

Restavracija

poštová schránka

Poštni nabiralnik

tabuľa s názvom ulice

Ulična tabla

parkovacie hodiny

Parkirna ura

ZOO

Živalski vrt

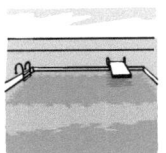

plaváreň

Kopališče

mešita

Mošeja

farma
Kmetija

znečisťovanie životného prostredia
Onesnaževanje

cintorín
Pokopališče

kostol
Cerkev

ihrisko
Otroško igrišče

chrám
Tempelj

terén
Pokrajina

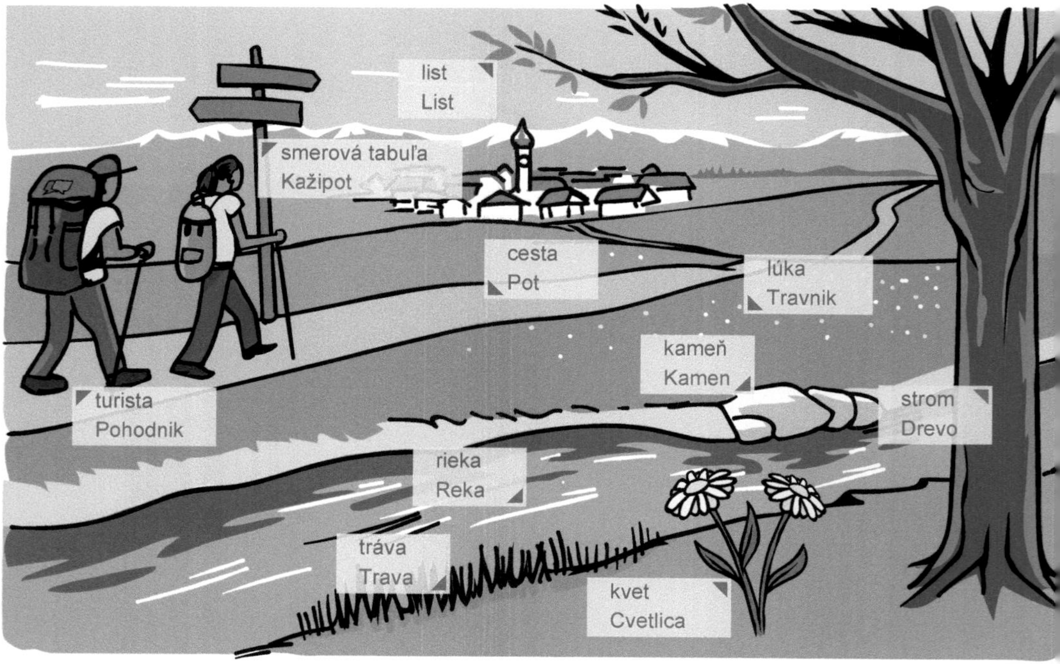

list
List

smerová tabuľa
Kažipot

cesta
Pot

lúka
Travnik

kameň
Kamen

turista
Pohodnik

strom
Drevo

rieka
Reka

tráva
Trava

kvet
Cvetlica

dolina

Dolina

kopec

Hrib

jazero

Jezero

les

Gozd

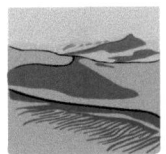

púšť

Puščava

vulkán

Vulkan

zámok

Grad

dúha

Mavrica

hríb

Goba

palma

Palma

komár

Komar

mucha

Muha

mravec

Mravlja

včela

Čebela

pavúk

Pajek

chrobák

Hrošč

žaba

Žaba

veverička

Veverica

jež

Jež

zajac

Zajec

sova

Sova

vták

Ptič

labuť

Labod

diviak

Divji prašič

jeleň

Jelen

los

Los

hrádza

Jez

veterná turbína

Vetrnica

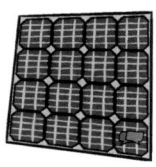

solárny panel

Solarna plošča

podnebie

Podnebje

reštaurácia
Restavracija

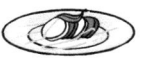

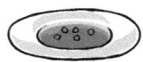

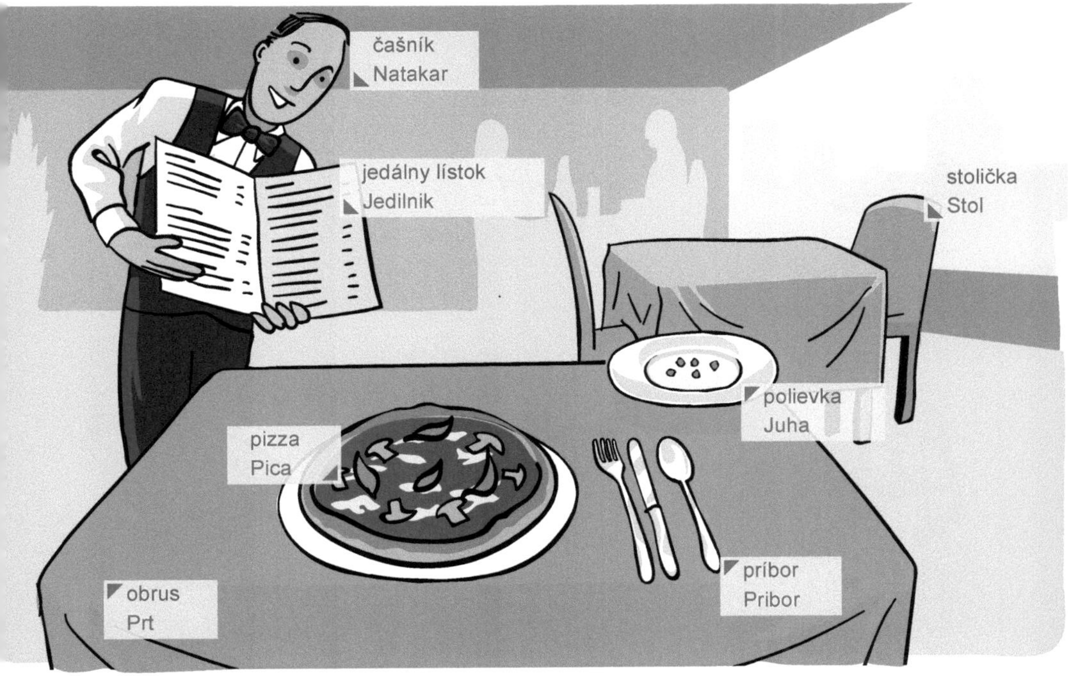

čašník
Natakar
jedálny lístok
Jedilnik
stolička
Stol
polievka
Juha
pizza
Pica
príbor
Pribor
obrus
Prt

predjedlo

Predjed

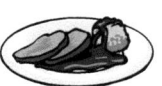

hlavné jedlo

Glavna jed

zákusok

Sladica

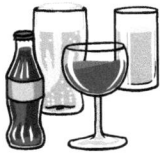

nápoje

Pijače

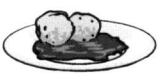

jedlo

Hrana

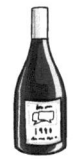

fľaša

Steklenica

fast-food

Hitra hrana

street food

Ulična hrana

kanvica na čaj

Čajnik

cukornička

Sladkornica

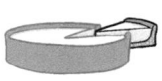

porcia

Porcija

stroj na espresso

Aparat za espresso

detská stolička

Stolček za hranjenje

účet

Račun

podnos

Pladenj

nôž

Nož

vidlička

Vilica

lyžica

Žlica

čajová lyžička

Čajna žlička

obrúsok

Servieta

pohár

Kozarec

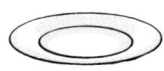

tanier

Krožnik

hlboký tanier

Globoki krožnik

podšálka

Krožniček

omáčka

Omaka

soľnička

Solnica

mlynček na korenie

Mlinček za poper

ocot

Kis

olej

Olje

korenie

Začimbe

kečup

Kečap

horčica

Gorčica

majonéza

Majoneza

supermarket
Supermarket

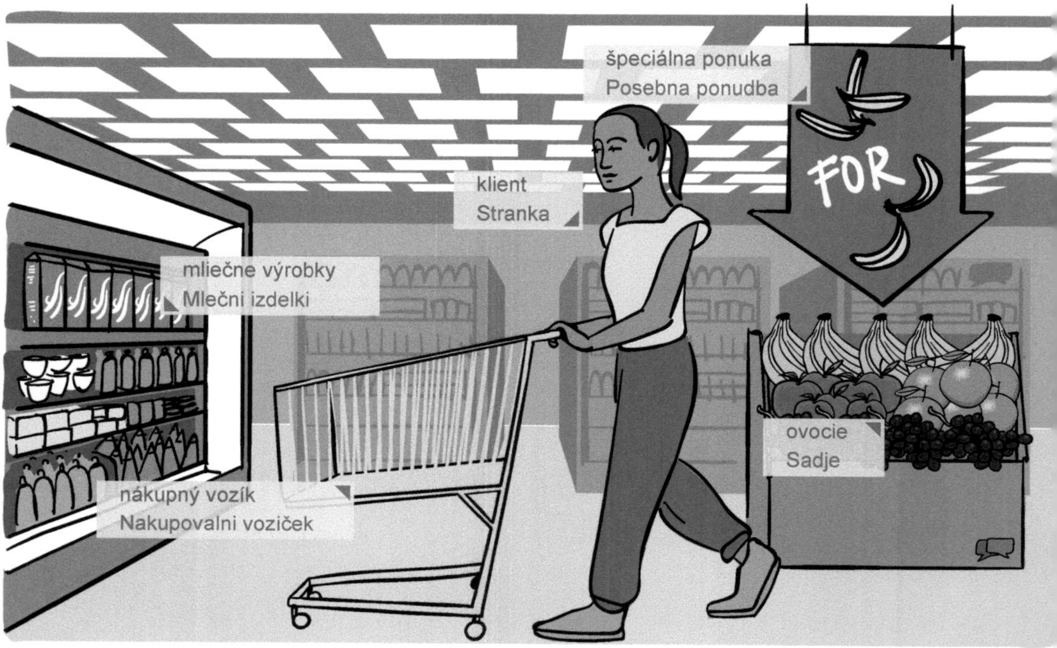

špeciálna ponuka
Posebna ponudba
FOR
klient
Stranka
mliečne výrobky
Mlečni izdelki
ovocie
Sadje
nákupný vozík
Nakupovalni voziček

BUTCHERS

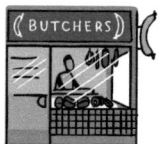

mäsiarstvo

Mesnica

BAKERY

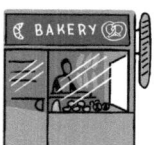

pekáreň

Pekarna

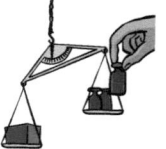

vážiť

Tehtati

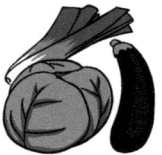

zelenina

Zelenjava

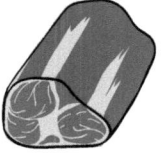

mäso

Meso

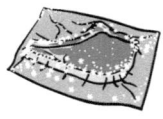

mrazené potraviny

Zamrznjena hrana

nárez
Hladne mesnine

konzervy
Konzerve

prací prostriedok
Pralni prašek

sladkosti
Sladkarije

domáce potreby
Gospodinjski izdelki

čistiace prostriedky
Čistilno sredstvo

predavačka
Prodajalka

pokladňa
Blagajna

pokladník
Blagajnik

nákupný zoznam
Nakupovalni seznam

otváracie hodiny
Delovni čas

peňaženka
Denarnica

kreditná karta
Kreditna kartica

taška
Torba

plastové vrecko
Plastična vrečka

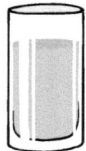

voda

Voda

džús

Sok

mlieko

Mleko

kola

Kola

víno

Vino

pivo

Pivo

alkohol

Alkohol

kakao

Kakav

čaj

Čaj

káva

Kava

espresso

Espresso

kapučíno

Kapučino

banán

Banana

jablko

Jabolko

pomaranč

Pomaranča

melón

Lubenica

citrón

Limona

mrkva

Korenje

cesnak

Česen

bambus

Bambus

cibuľa

Čebula

hríb

Goba

orechy

Oreščki

rezance

Rezanci

špagety

Špageti

ryža

Riž

šalát

Solata

hranolky

Ocvrt krompirček

pečené zemiaky

Pečen krompir

pizza

Pica

hamburger

Hamburger

obložený chlebík

Sendvič

rezeň

Zrezek

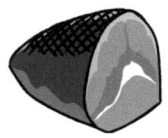

šunka

Šunka

saláma

Salama

klobása

Klobasa

kurča

Piščanec

pečené mäso

Pečenka

ryba

Riba

ovsené vločky

Ovseni kosmiči

müsli

Musli

kukuričné lupienky

Koruzni kosmiči

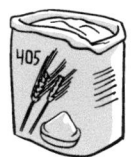

múka

Moka

croissant

Rogljiček

pečivo

Žemlja

chlieb

Kruh

hrianka

Prepečenec

sušienky

Piškoti

maslo

Maslo

tvaroh

Skuta

koláč

Torta

vajce

Jajce

volské oko

Pečeno jajce na oko

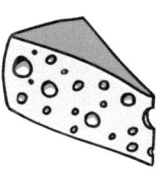

syr

Sir

zmrzlina

Sladoled

cukor

Sladkor

med

Med

lekvár

Marmelada

nugátová nátierka

Čokoladni namaz

karí korenie

Kari

farma
Kmetija

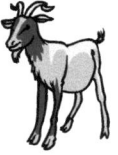

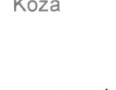

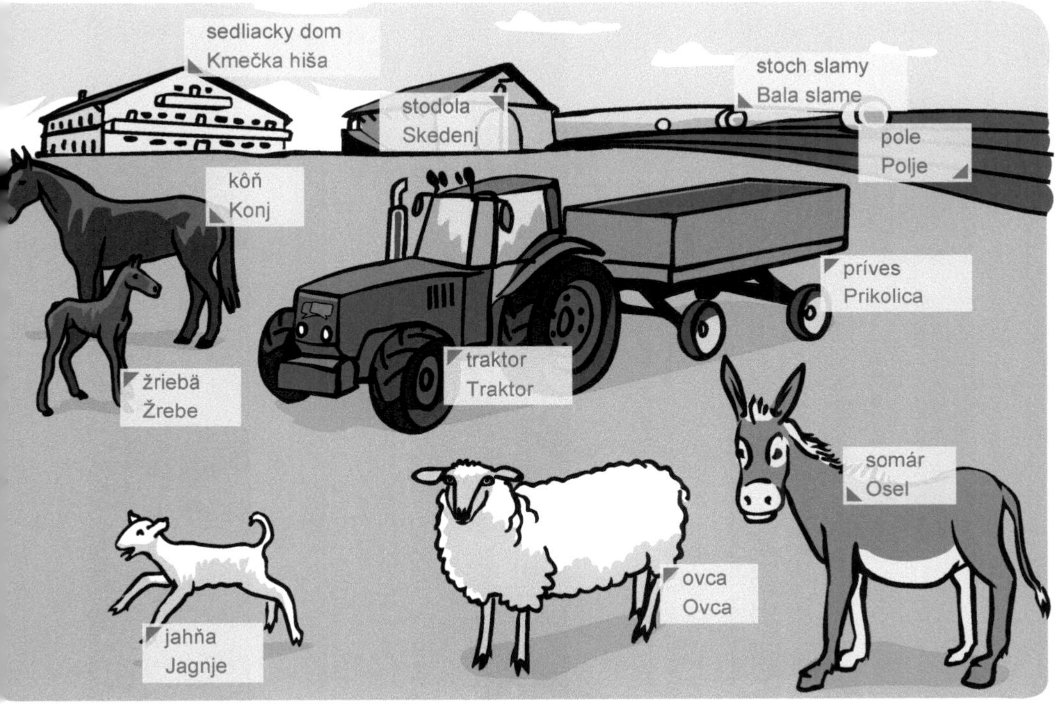
sedliacky dom
Kmečka hiša
stodola
Skedenj
stoch slamy
Bala slame
pole
Polje
kôň
Konj
príves
Prikolica
traktor
Traktor
žriebä
Žrebe
somár
Osel
ovca
Ovca
jahňa
Jagnje

koza

Koza

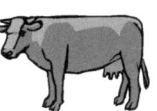

krava

Krava

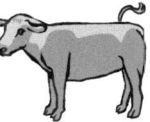

teľa

Tele

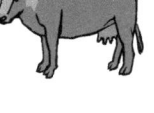

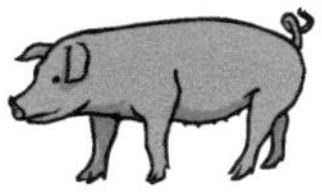

prasa

Prašič

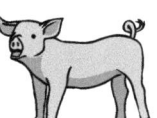

prasiatko

Pujsek

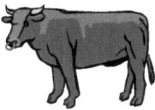

býk

Bik

hus

Gos

kačica

Raca

kuriatko

Piščanec

sliepka

Kokoš

kohút

Petelin

potkan

Podgana

mačka

Mačka

myš

Miš

vôl

Vol

pes

Pes

psia búda

Pasja uta

záhradná hadica

Cev za zalivanje

krhla

Kangla za zalivanje

kosa

Kosa

pluh

Plug

kosák
Srp

motyka
Motika

vidly na hnoj
Vile

sekera
Sekira

fúrik
Samokolnica

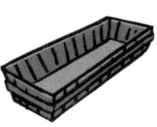

koryto
Korito

kanva na mlieko
Kangla za mleko

vrece
Vreča

plot
Ograja

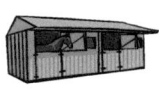

maštaľ
Hlev

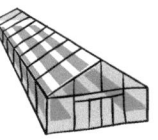

skleník
Rastlinjak

pôda
Prst

osivo
Seme

hnojivo
Gnojilo

kombajn
Kombajn

žať
....
Žeti

žatva
....
Žetev

batát
....
Jam

pšenica
....
Pšenica

sója
....
Soja

zemiak
....
Krompir

kukurica
....
Koruza

repka
....
Oljna ogrščica

ovocný strom
....
Sadno drevo

maniok
....
Maniok

obilie
....
Žito

dom
Hiša

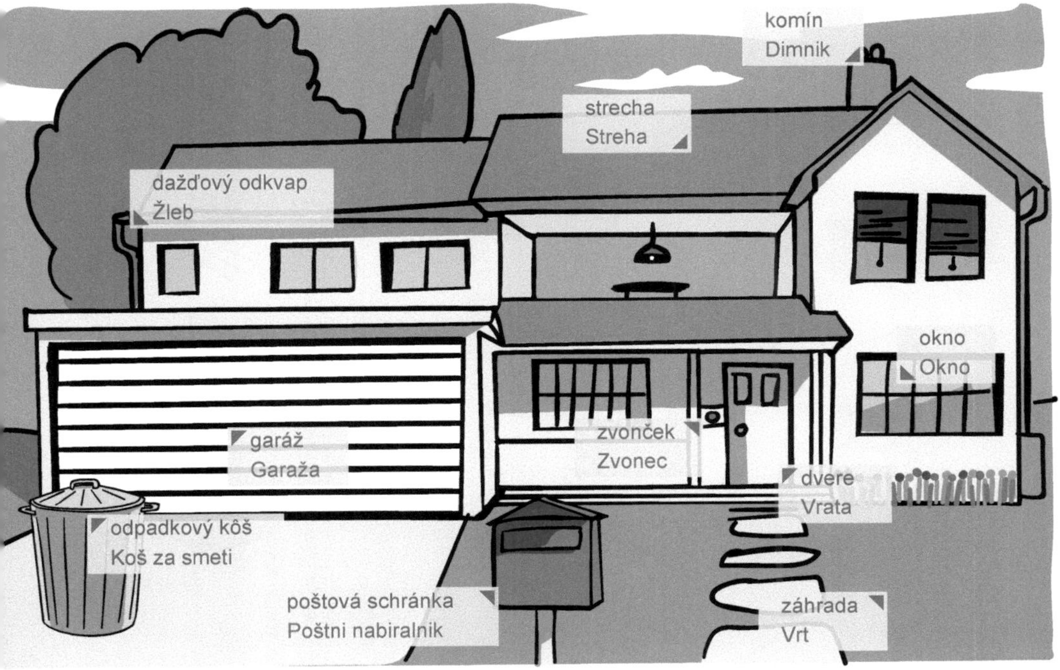

komín
Dimnik
strecha
Streha
dažďový odkvap
Žleb
okno
Okno
garáž
Garaža
zvonček
Zvonec
dvere
Vrata
odpadkový kôš
Koš za smeti
poštová schránka
Poštni nabiralnik
záhrada
Vrt

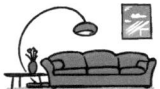

obývačka

Dnevna soba

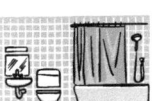

kúpeľňa

Kopalnica

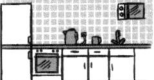

kuchyňa

Kuhinja

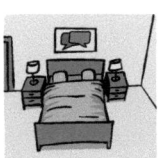

spálňa

Spalnica

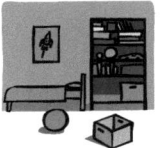

detská izba

Otroška soba

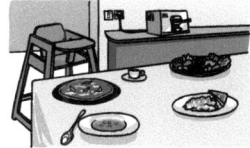

jedáleň

Jedilnica

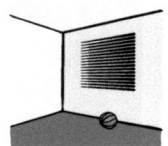

podlaha
Tla

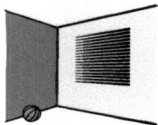

stena
Stena

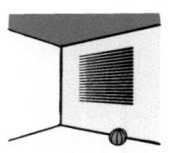

strop
Strop

pivnica
Klet

sauna
Savna

balkón
Balkon

terasa
Terasa

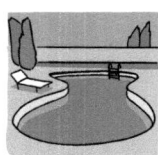

bazén
Bazen

kosačka
Kosilnica

obliečka
Rjuha

posteľná prikrývka
Posteljno pregrinjalo

posteľ
Postelja

metla
Metla

vedro
Vedro

vypínač
Stikalo

obývačka
Dnevna soba

tapeta
Tapeta
obraz
Slika
lampa
Svetilka
regál
Polica
skriňa
Omara
televízor
Televizor
kozub
Kamin
kvet
Cvetlica
vankúš
Blazina
pohovka
Zofa
váza
Vaza
diaľkové ovládanie
Daljinski upravljalnik

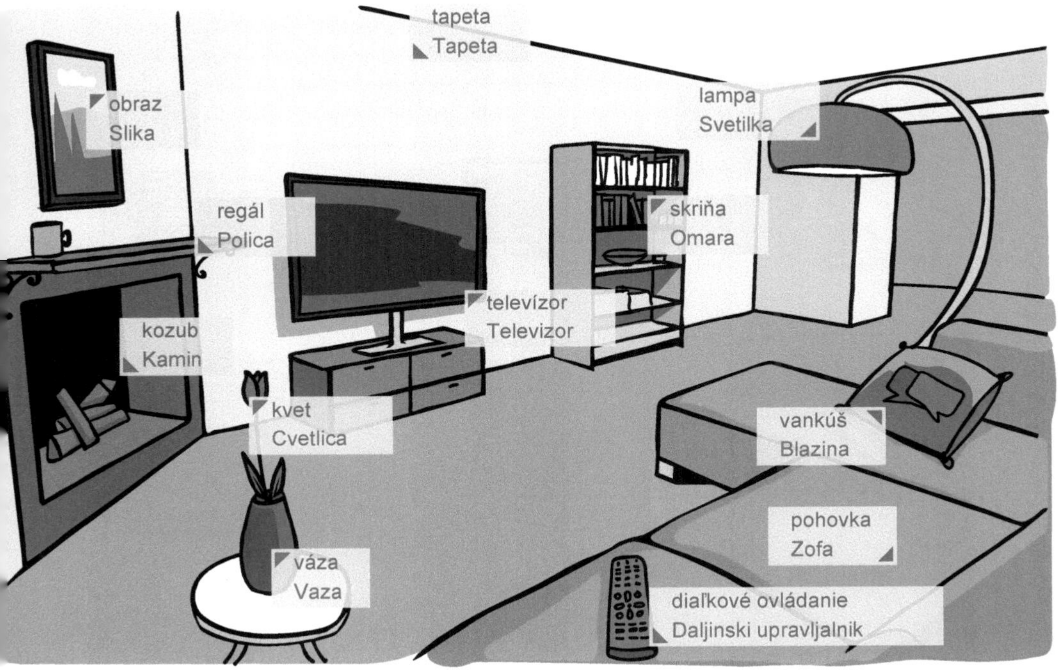

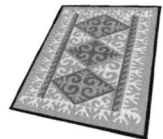

koberec

Preproga

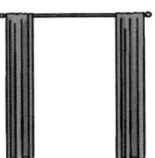

záclona

Zavesa

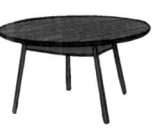

stôl

Miza

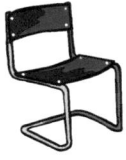

stolička

Stol

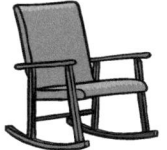

hojdacie kreslo

Gugalnik

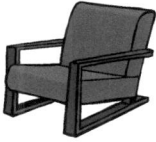

kreslo

Naslanjač

kniha

Knjiga

prikrývka

Odeja

dekorácia

Dekoracija

drevo na kúrenie

Drva

film

Film

hi-fi veža

Glasbeni stolp

kľúč

Ključ

noviny

Časopis

maľba

Slika

plagát

Plakat

rádio

Radio

zápisník

Beležka

vysávač

Sesalnik

kaktus

Kaktus

sviečka

Sveča

kuchyňa
Kuhinja

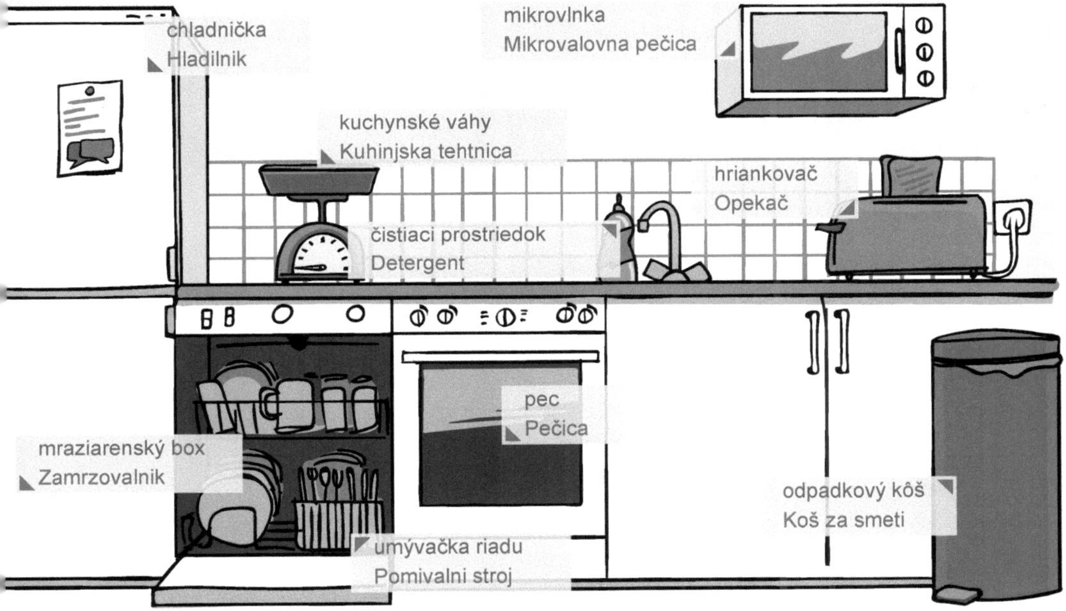

chladnička
Hladilnik
mikrovlnka
Mikrovalovna pečica
kuchynské váhy
Kuhinjska tehtnica
hriankovač
Opekač
čistiaci prostriedok
Detergent
pec
Pečica
mraziarenský box
Zamrzovalnik
odpadkový kôš
Koš za smeti
umývačka riadu
Pomivalni stroj

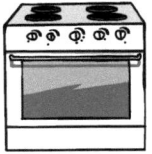

sporák
....
Kozica

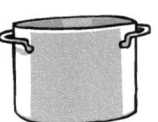

hrniec
....
Lonec

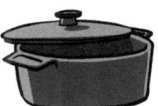

železný hrniec
....
Litoželezni lonec

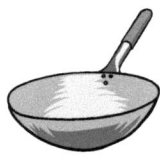

wok / kadai
....
Vok / kadai

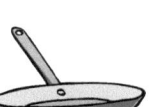

panvica
....
Ponev

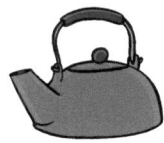

rýchlovarná kanvica
....
Kotliček

parný hrniec

Parni kuhalnik

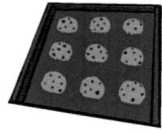

plech na pečenie

Pekač

riad

Posoda

pohár

Skodelica

misa

Skleda

paličky

Jedilne paličice

naberačka na polievku

Zajemalka

stierka

Lopatica

metlička

Metlica

cedidlo

Cedilnik

sitko

Cedilo

strúhadlo

Strgalo

mažiar

Možnar

gril

Žar

ohnisko

Ognjišče

doska na krájanie

Deska za rezanje

valček na cesto

Valjar

vývrtka

Odpirač za steklenice

konzerva

Pločevinka

otvárač na konzervy

Odpirač za konzerve

chňapka

Prijemalka za posodo

výlevka

Korito

kefa

Ščetka

hubka

Goba

mixér

Mešalnik

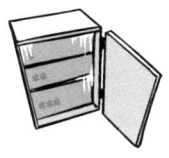

mraznička

Zamrzovalna skrinja

kojenecká fľaša

Steklenička

vodovodný kohútik

Pipa

kúpeľňa
Kopalnica

sprcha
Prha
kúrenie
Ogrevanje
uterák
Brisača
sprchový záves
Zavesa za prho
pena do kúpeľa
Peneča kopel
vaňa
Kopalna kad
pohár
Kozarec
práčka
Pralni stroj
vodovodný kohútik
Pipa
dlaždice
Ploščice
nočník
Kahlica
výlevka
Korito

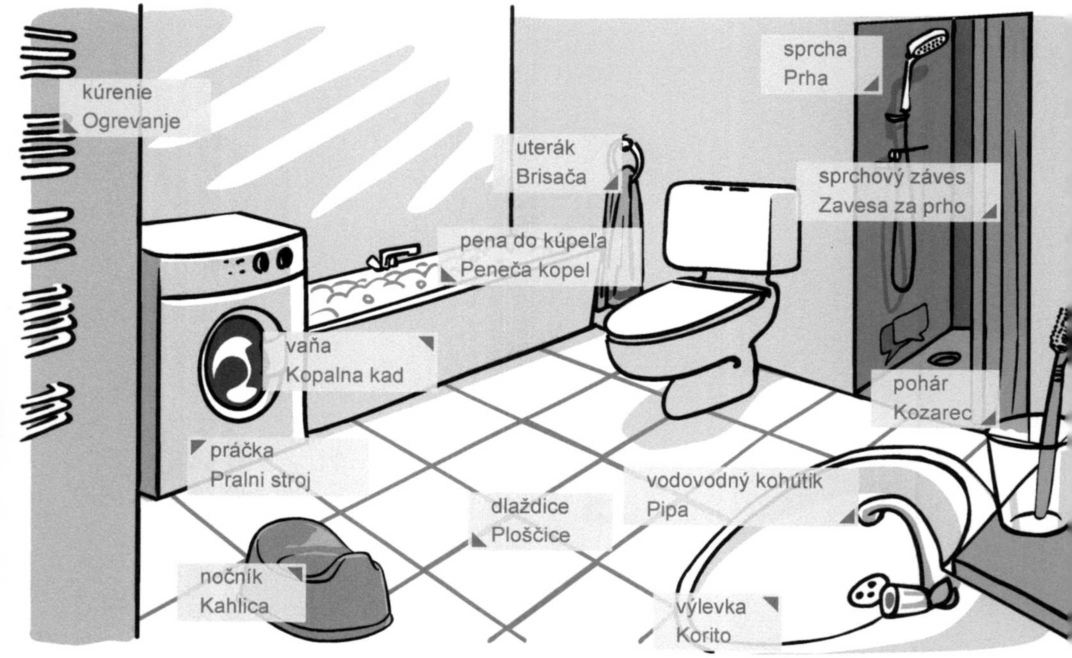

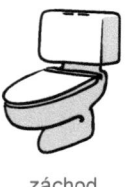

záchod

Stranišče

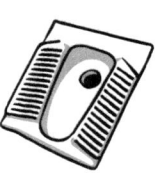

suchý záchod

Stranišče na počep

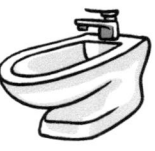

bidet

Bide

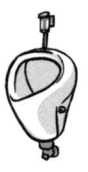

pisoár

Pisoar

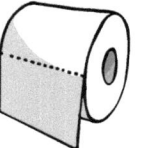

toaletný papier

Toaletni papir

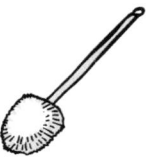

záchodová kefa

Ščetka za straniščno školjko

zubná kefka

Zobna ščetka

zubná pasta

Zobna pasta

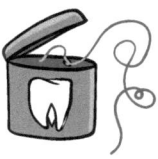

dentálna niť

Zobna nitka

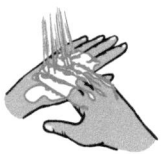

umývať

Umiti se

ručná sprcha

Ročna prha

sprcha pre intímnu hygienu

Prha za intimne dele

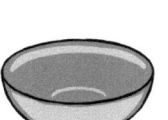

umývadlo

Umivalnik

kefa na chrbát

Krtača za hrbet

mydlo

Milo

sprchový gél

Gel za prhanje

šampón

Šampon

frotírová rukavica

Krpica za miljenje

odtok

Odtok

krém

Krema

dezodorant

Deodorant

zrkadlo

Ogledalo

kozmetické zrkadlo

Ročno ogledalo

žiletka

Britvica

pena na holenie

Pena za britje

voda po holení

Vodica po britju

hrebeň

Glavnik

kefa

Ščetka

sušič vlasov

Sušilnik za lase

sprej na vlasy

Lak za lase

make-up

Ličila

rúž

Šminka

lak na nechty

Lak za nohte

vata

Vatirane blazinice

nožnice na nechty

Škarjice za nohte

parfum

Parfum

kozmetická taška
....
Toaletna torbica

stolček
....
Stol brez naslonjala

váha
....
Osebna tehtnica

kúpací plášť
....
Kopalni plašč

gumové rukavice
....
Gumijaste rokavice

tampón
....
Tampon

menštruačná vložka
....
Damski vložki

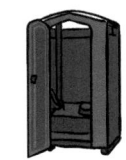

chemické WC
....
Kemično stranišče

detská izba

Otroška soba

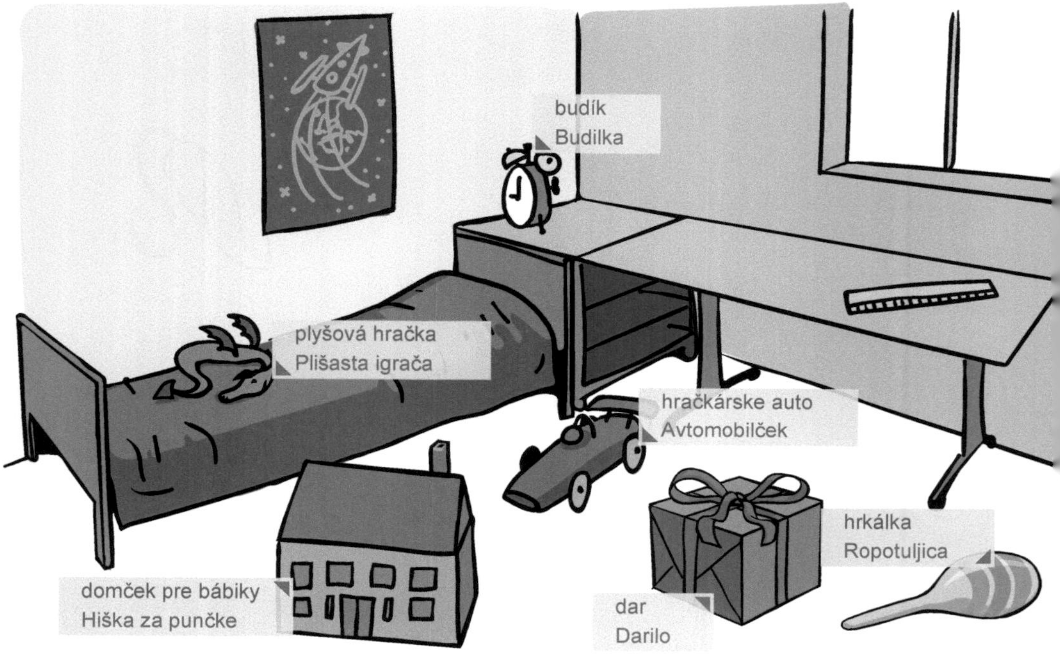
budík
Budilka
plyšová hračka
Plišasta igrača
hračkárske auto
Avtomobilček
hrkálka
Ropotuljica
domček pre bábiky
Hiška za punčke
dar
Darilo

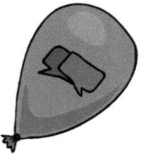

balón

Balon

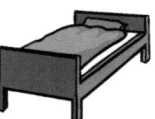

posteľ

Postelja

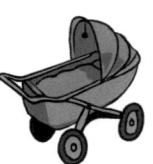

detský kočík

Otroški voziček

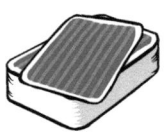

karty

Igralne karte

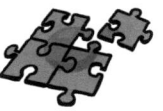

puzzle

Sestavljanka

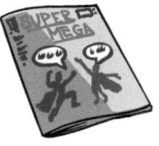

komix

Strip

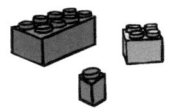

skladačka lego

Lego kocke

stavebnica

Igralne kocke

akčná postavička

Akcijska figura

dupačky

Bodi

lietajúci tanier

Frizbi

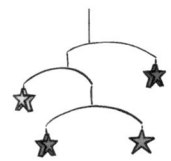

závesné hračky

Vrtiljak za posteljico

stolová hra

Namizna igra

kocka

Kocka

modelový vláčik

Komplet modelov vlakov

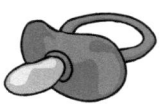

cumlík

Duda

párty

Zabava

obrázková kniha

Slikanica

lopta

Žoga

bábika

Lutka

hrať sa

Igrati se

pieskovisko

Peskovnik

hojdačka

Gugalnica

hračky

Igrače

hracia konzola

Igralna konzola

trojkolka

Tricikel

medvedík

Plišasti medvedek

šatník

Garderoba

šatstvo

Oblačilo

ponožky

Nogavice

pančuchy

Samostoječe nogavice

pančuchové nohavičky

Hlačne nogavice

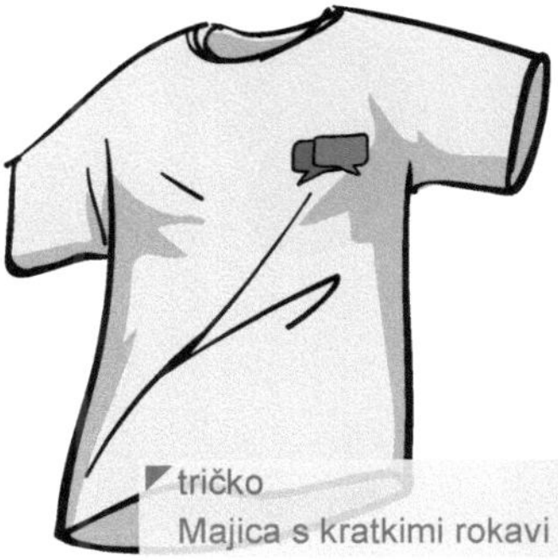

šál
Šal

opasok
Pas

dáždnik
Dežnik

tričko
Majica s kratkimi rokavi

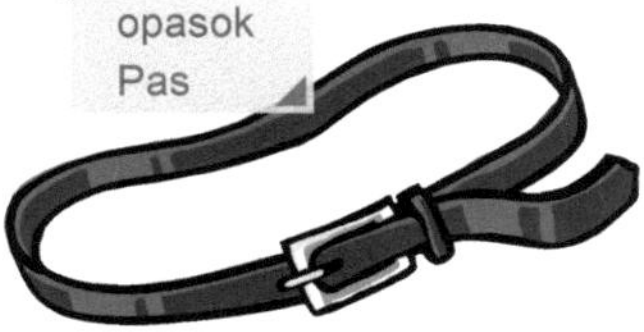

tenisky
Športni copati

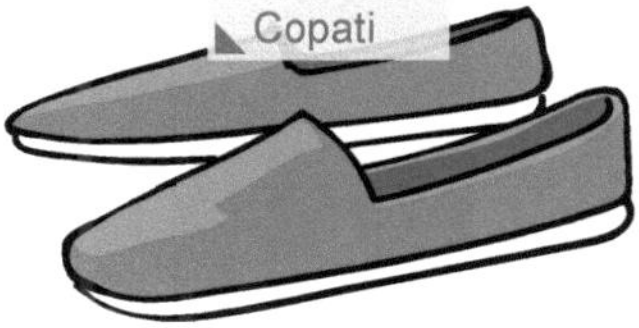

čižmy
Škornji

papuče
Copati

sandále
....
Sandali

topánky
....
Čevlji

gumáky
....
Gumijasti škornji

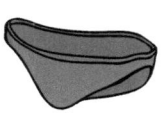
spodky
....
Spodnje hlače

podprsenka
....
Modrček

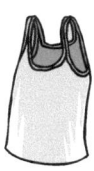
tielko
....
Telovnik

body
Bodi

nohavice
Hlače

džínsy
Kavbojke

sukňa
Krilo

blúzka
Bluza

košeľa
Srajca

pulóver
Pulover

sveter
Pletena jopica

blejzer
Jopa

bunda
Jakna

kabát
Plašč

pršiplášť
Dežni plašč

kostým
Kostim

šaty
Obleka

svadobné šaty
Poročna obleka

oblek

Obleka

nočná košeľa

Spalna srajca

pyžamo

Pižama

sari

Sari

šatka na hlavu

Naglavna ruta

turban

Turban

burka

Burka

kaftan

Kaftan

abaja

Abaja

dvojdielne plavky

Kopalke

plavky

Kopalne hlače

šortky

Kratke hlače

tepláková súprava

Trenirka

zástera

Predpasnik

rukavice

Rokavice

gombík

Gumb

okuliare

Očala

náramok

Zapestnica

retiazka

Verižica

prsteň

Prstan

náušnica

Uhan

čiapka

Kapa

vešiak

Obešalnik

klobúk

Klobuk

kravata

Kravata

zips

Zadrga

prilba

Čelada

traky

Naramnice

školská uniforma

Šolska uniforma

uniforma

Uniforma

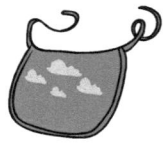

podbradník

Slinček

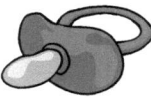

cumlík

Duda

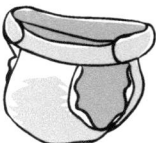

plienka

Plenica

kancelária
Pisarna

server
Strežnik
skriňa na spisy
Kartotečna omara
tlačiareň
Tiskalnik
papier
Papir
monitor
Monitor
myš
Miška
písací stôl
Pisalna miza
zakladač
Mapa
klávesnica
Tipkovnica
kôš na papier
Koš za smeti
počítač
Računalnik
stolička
Stol

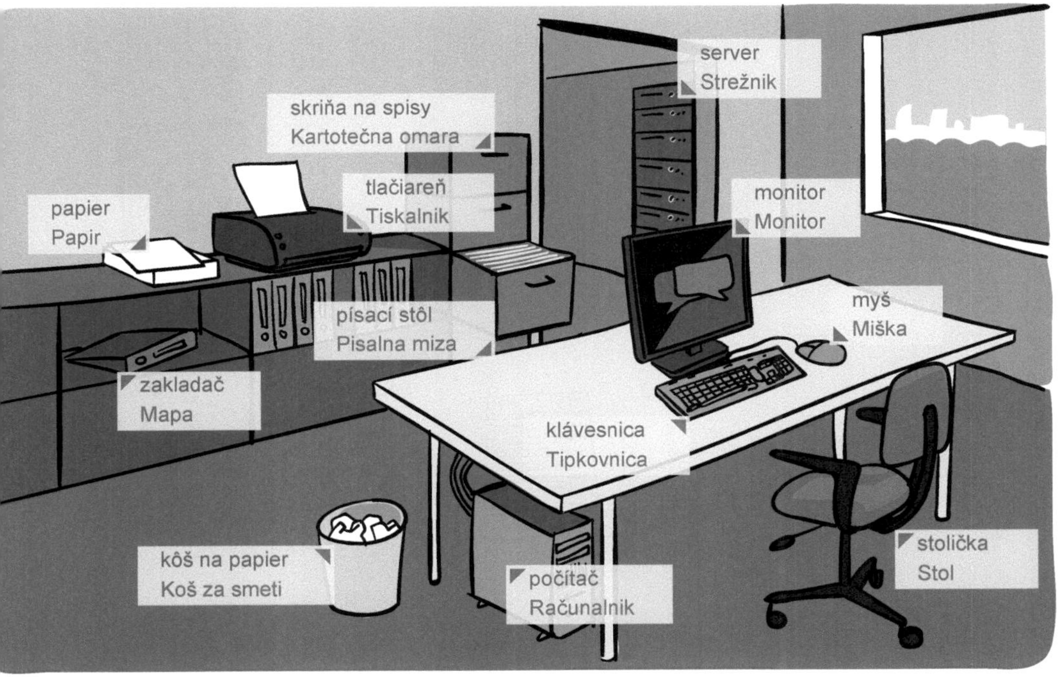

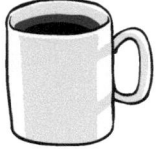

hrnček na kávu

Lonček za kavo

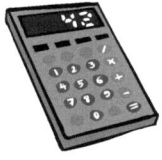

kalkulačka

Kalkulator

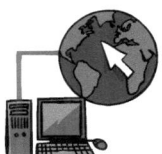

internet

Internet

laptop

Prenosnik

list

Pismo

správa

Sporočilo

mobil

Mobilnik

sieť

Omrežje

kopírka

Kopirni stroj

softvér

Programska oprema

telefón

Telefon

elektrická zásuvka

Vtičnica

fax

Telefaks

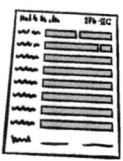

formulár

Obrazec

doklad

Dokument

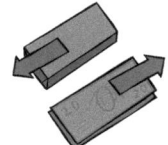

kúpiť

Kupiti

platiť

Plačati

obchodovať

Trgovati

peniaze

Denar

dolár

Dolar

euro

Evro

jen

Jen

rubeľ

Rubelj

švajčiarsky frank

Švičarski frank

čínsky jüan

Kitajski juan renminbi

rupia

Rupija

bankomat

Bankomat

zmenáreň

Menjalnica

zlato

Zlato

striebro

Srebro

ropa

Nafta

energia

Energija

cena

Cena

zmluva

Pogodba

daň

Davek

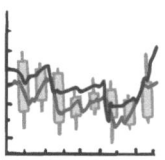

akcia

Delnice

pracovať

Delati

zamestnanec

Delojemalec

zamestnávateľ

Delodajalec

továreň

Tovarna

obchod

Trgovina

povolania
Poklici

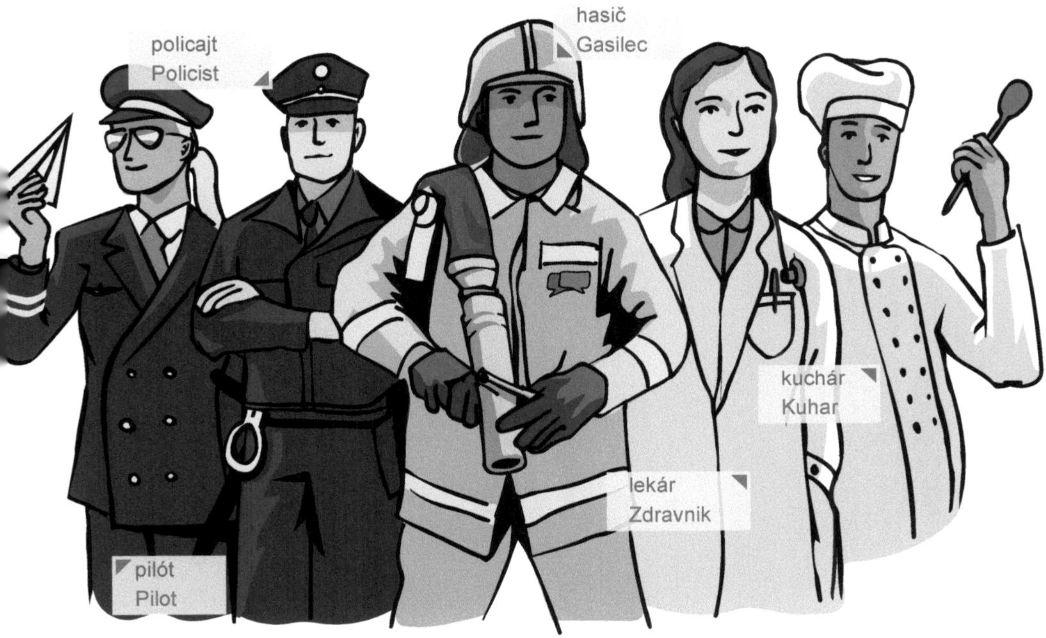
hasič
Gasilec
policajt
Policist
kuchár
Kuhar
lekár
Zdravnik
pilót
Pilot

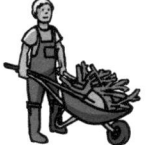

záhradník
Vrtnar

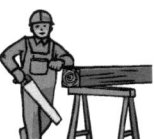

stolár
Mizar

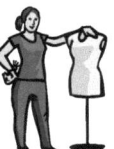

krajčírka
Šivilja

sudca
Sodnik

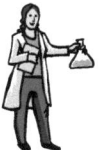

chemik
Kemik

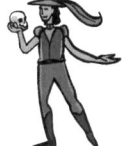

herec
Igralec

vodič autobusu

Voznik avtobusa

taxikár

Taksist

rybár

Ribič

upratovačka

Čistilka

pokrývač

Krovec

čašník

Natakar

poľovník

Lovec

maliar

Pleskar

pekár

Pek

elektrikár

Električar

stavebný robotník

Gradbenik

inžinier

Inženir

mäsiar

Mesar

klampiar

Vodovodni inštalater

poštár

Poštar

vojak

Vojak

architekt

Arhitekt

pokladník

Blagajnik

kvetinár

Cvetličar

kaderník

Frizer

sprievodca

Sprevodnik

mechanik

Mehanik

kapitán

Kapitan

zubár

Zobozdravnik

vedec

Znanstvenik

rabín

Rabin

imám

Imam

mních

Menih

farár

Duhovnik

náradie
Orodje

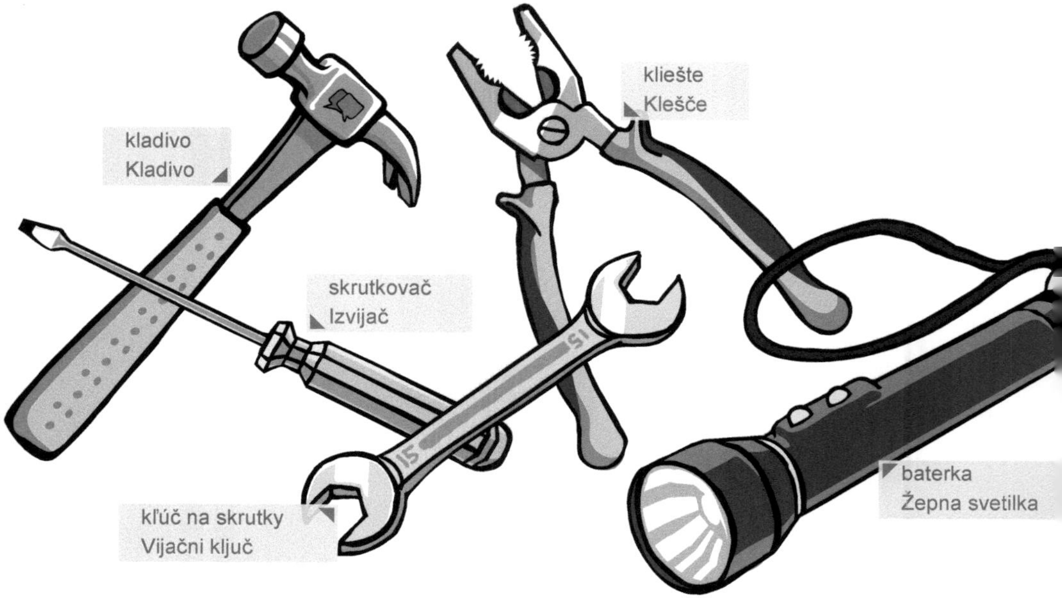
kladivo
Kladivo
kliešte
Klešče
skrutkovač
Izvijač
kľúč na skrutky
Vijačni ključ
baterka
Žepna svetilka

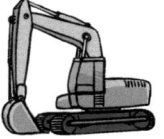

bager

Bager

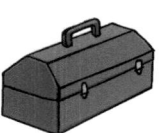

súprava náradia

Zaboj z orodjem

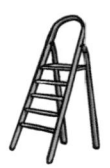

rebrík

Lestev

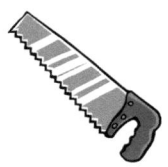

pílka

Žaga

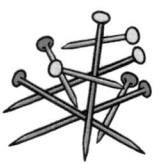

klince

Žeblji

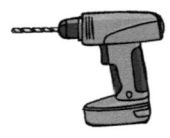

vrták

Vrtalnik

opravit'
Popraviti

lopata
Lopata

Do čerta!
Šment!

lopatka na smeti
Smetišnica

nádoba s farbou
Posoda z barvo

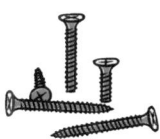

skrutky
Vijaki

hudobné nástroje
Glasbeni instrument

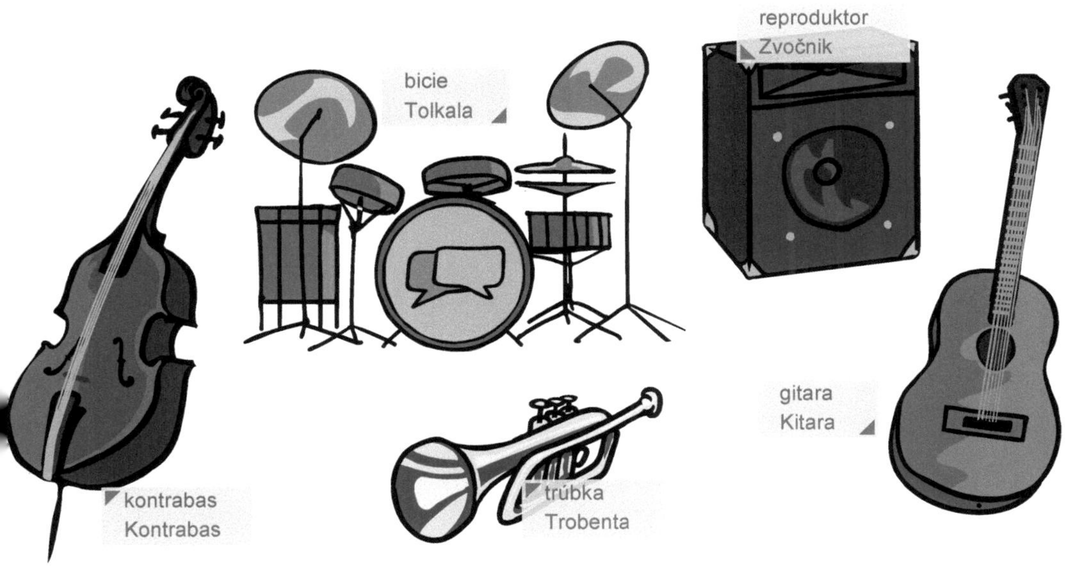

reproduktor
Zvočnik

bicie
Tolkala

gitara
Kitara

kontrabas
Kontrabas

trúbka
Trobenta

klavír

Klavir

husle

Violina

basa

Bas kitara

tympany

Pavke

bubon

Bobni

klávesnica

Sintetizator

saxofón

Saksofon

flauta

Flavta

mikrofón

Mikrofon

ZOO

Živalski vrt

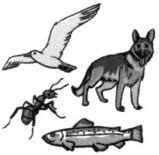

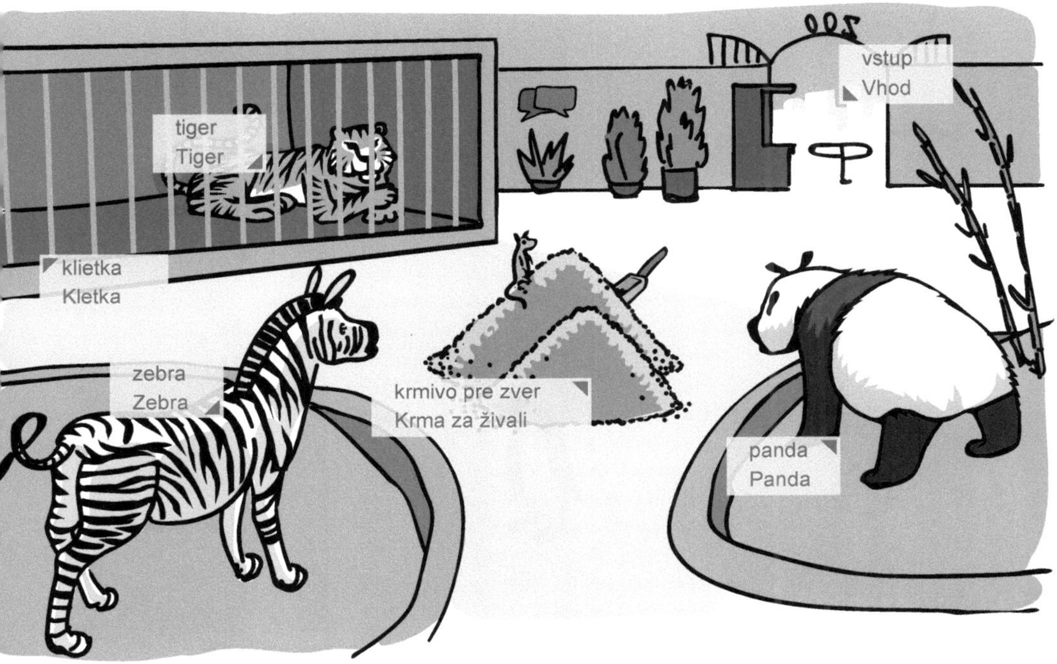

vstup
Vhod
tiger
Tiger
klietka
Kletka
zebra
Zebra
krmivo pre zver
Krma za živali
panda
Panda

zvieratá

Živali

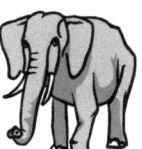

slon

Slon

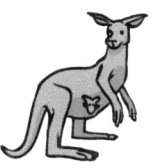

klokan

Kenguru

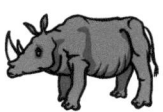

nosorožec

Nosorog

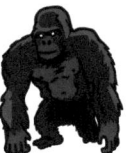

gorila

Gorila

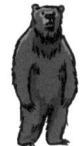

medveď

Medved

ťava

Kamela

pštros

Noj

lev

Lev

opica

Opica

plameniak

Plamenec

papagáj

Papagaj

ľadový medveď

Severni medved

tučniak

Pingvin

žralok

Morski pes

páv

Pav

had

Kača

krokodíl

Krokodil

ošetrovateľ v ZOO

Oskrbnik v živalskem vrtu

tuleň

Tjulenj

jaguár

Jaguar

poník
Poni

leopard
Leopard

hroch
Povodni konj

žirafa
Žirafa

orol
Orel

diviak
Divji prašič

ryba
Riba

korytnačka
Želva

mrož
Mrož

líška
Lisica

gazela
Gazela

americký futbal
Ameriški nogomet

cyklistika
Kolesarjenje

tenis
Tenis

basketbal
Košarka

plávanie
Plavanje

box
Boks

hokej
Hokej

futbal
Nogomet

bedminton
Badminton

ľahká atletika
Atletika

hádzaná
Rokomet

lyžovanie
Smučanje

pólo
Polo

skočiť
Skočiti

smiať sa
Smejati se

objať
Objeti

chodiť
Hoditi

spievať
Peti

snívať
Sanjati

modliť sa
Moliti

pobozkať
Poljubiti

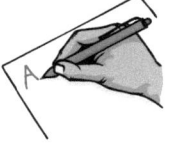

písať
Pisati

kresliť
Risati

ukázať
Pokazati

tlačiť
Potisniti

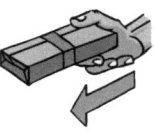

dať
Dati

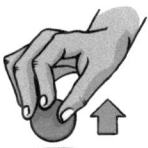

brať
Vzeti

mať
Imeti

robiť
Narediti

byť
Biti

stáť
Stati

bežať
Teči

ťahať
Vleči

hádzať
Vreči

padnúť
Pasti

ležať
Ležati

čakať
Čakati

nosiť
Nositi

sedieť
Sedeti

obliecť sa
Obleči se

spať
Spati

zobudiť sa
Zbuditi se

pozerať

Gledati

plakať

Jokati

hladkať

Božati

česať

Česati se

hovoriť

Govoriti

rozumieť

Razumeti

pýtať sa

Vprašati

počuť

Poslušati

piť

Piti

jesť

Jesti

upratať

Pospraviti

milovať

Ljubiti

variť

Kuhati

jazdiť

Voziti

letieť

Leteti

plachtiť

Jadrati

počítať

Računanje

čítať

Brati

učiť sa

Učiti se

pracovať

Delati

oženiť

Poročiti se

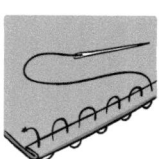

šiť

Šivati

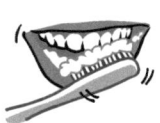

čistiť zuby

Ščetkati si zobe

zabiť

Ubiti

fajčiť

Kaditi

poslať

Poslati

rodina
Družina

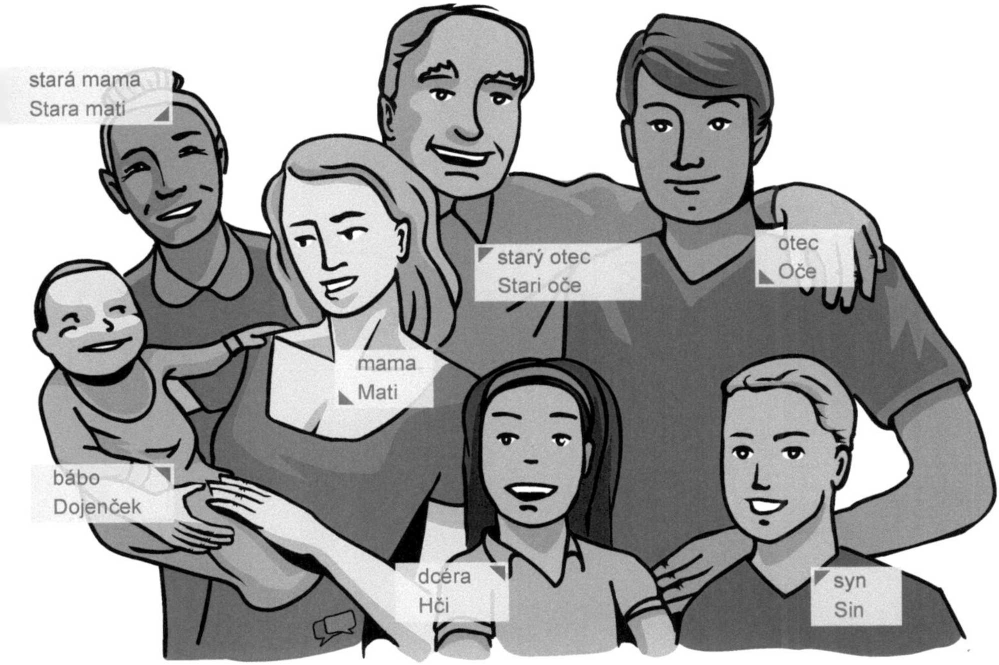
stará mama
Stara mati
starý otec
Stari oče
otec
Oče
mama
Mati
bábo
Dojenček
dcéra
Hči
syn
Sin

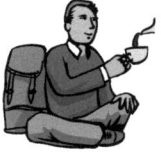

hosť

Gost

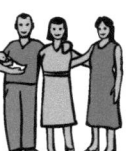

teta

Teta

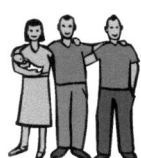

strýko

Stric

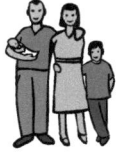

brat

Brat

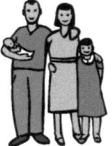

sestra

Sestra

telo

Telo

čelo
Čelo
oko
Oko
plece
Rama
prst
Prst
tvár
Obraz
brada
Brada
ruka
Dlan
noha
Noga
hruď
Prsi
rameno
Roka

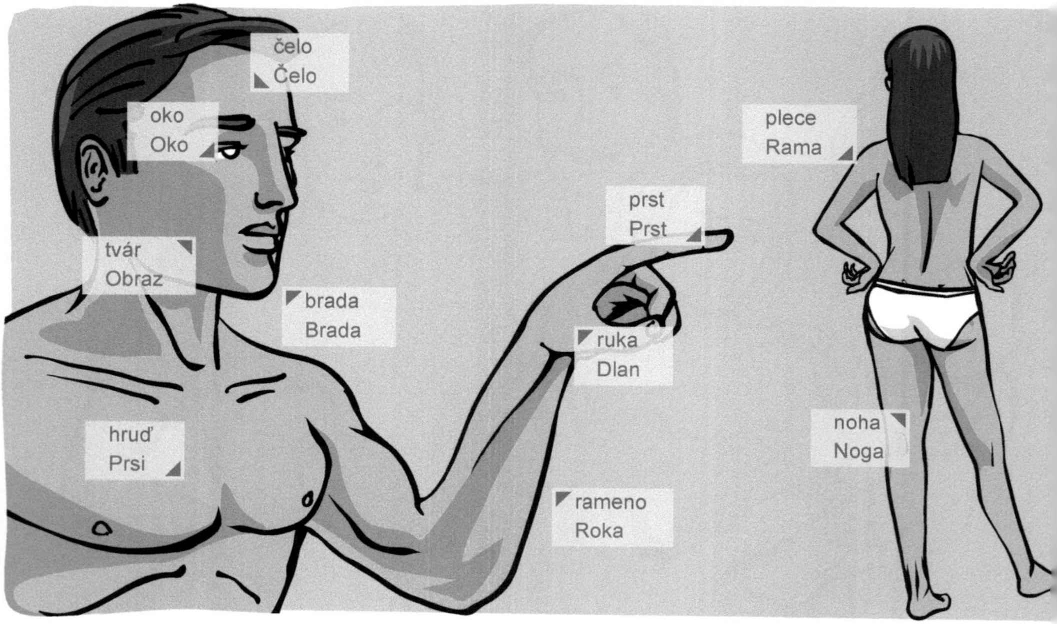

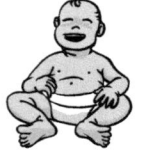

bábo
Dojenček

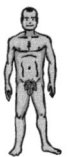

muž
Človek

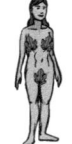

žena
Ženska

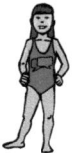

dievča
Dekle

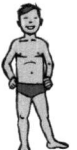

chlapec
Fant

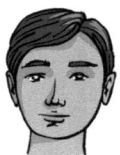

hlava
Glava

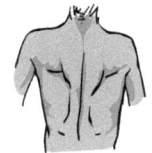

chrbát

Hrbet

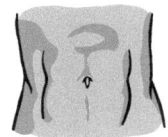

brucho

Trebuh

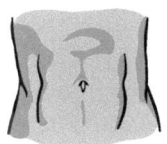

pupok

Popek

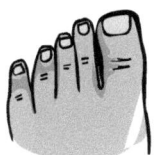

prst na nohe

Prst na nogi

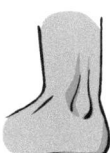

päta

Peta

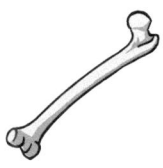

kosť

Kost

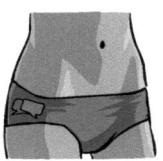

bok

Kolk

koleno

Koleno

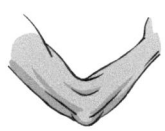

lakeť

Komolec

nos

Nos

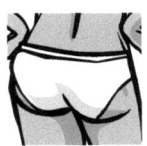

zadok

Zadnjica

koža

Koža

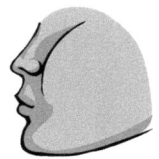

líce

Lice

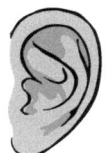

ucho

Uho

pery

Ustnica

ústa
Usta

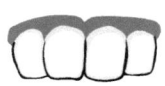

zub
Zob

jazyk
Jezik

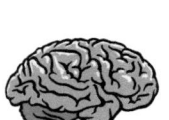

mozog
Možgani

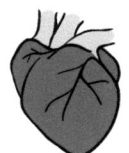

srdce
Srce

svaly
Mišica

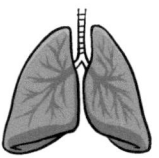

pľúca
Pljuča

pečeň
Jetra

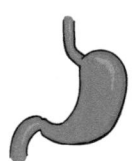

žalúdok
Želodec

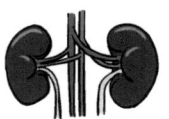

obličky
Ledvice

pohlavný styk
Spolni odnos

kondóm
Kondom

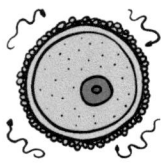

vaječná bunka
Jajčece

semeno
Semenska tekočina

tehotenstvo
Nosečnost

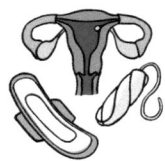

menštruácia

Menstruacija

vagína

Vagina

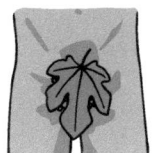

penis

Penis

obočie

Obrv

vlasy

Lasje

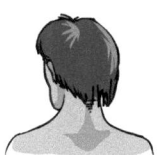

krk

Vrat

nemocnica
Bolnišnica

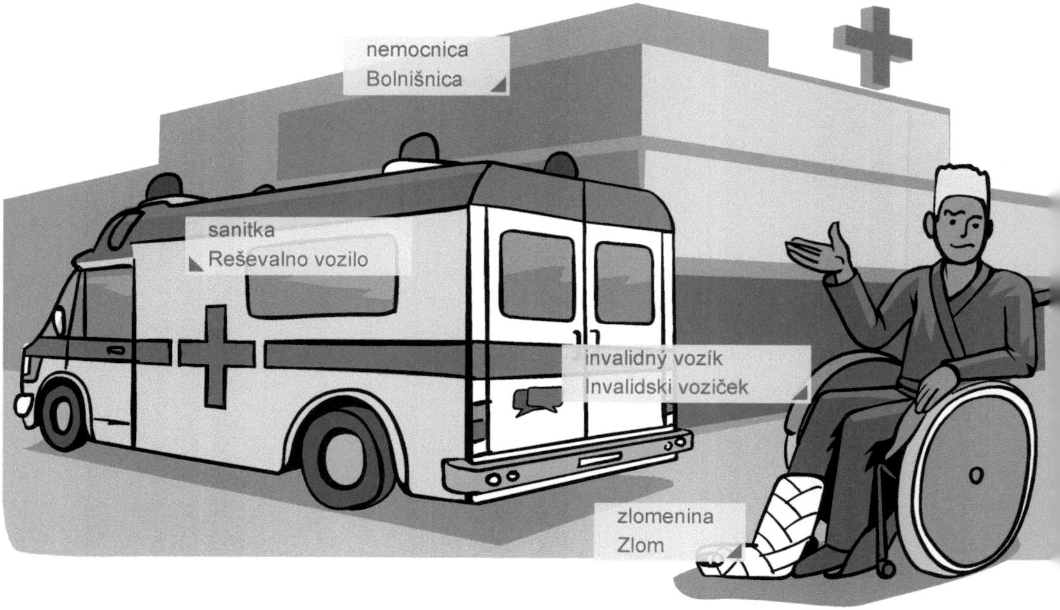

nemocnica
Bolnišnica
sanitka
Reševalno vozilo
invalidný vozík
Invalidski voziček
zlomenina
Zlom

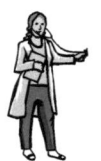

lekár

Zdravnik

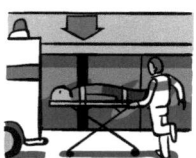

urgentný príjem

Urgenca

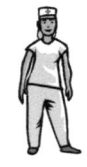

sestrička

Medicinska sestra

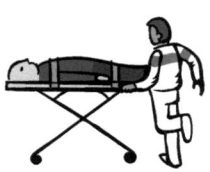

urgentný prípad

Nujni primer

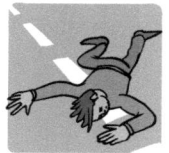

v bezvedomí

Nezavesten

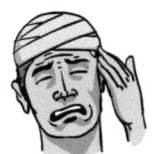

bolesť

Bolečina

zranenie

Poškodba

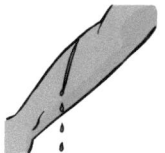

krvácanie

Krvavenje

srdcový infarkt

Srčni infarkt

mozgová porážka

Kap

alergia

Alergija

kašeľ

Kašelj

teplota

Vročina

chrípka

Gripa

hnačka

Driska

bolesť hlavy

Glavobol

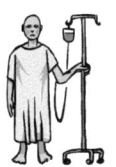

rakovina

Rak

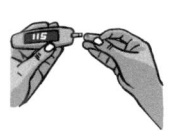

cukrovka

Sladkorna bolezen

chirurg

Kirurg

skalpel

Skalpel

operácia

Operacija

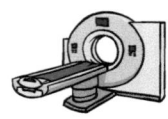

CT
CT

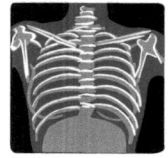

RTG
Rentgen

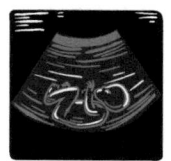

ultrazvuk
Ultrazvok

maska
Obrazna maska

choroba
Bolezen

čakáreň
Čakalnica

barla
Bergla

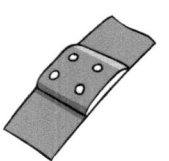

náplasť
Obliž

obväz
Preveza

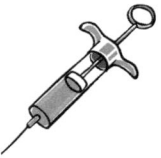

injekcia
Injekcija

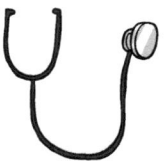

fonendoskop
Stetoskop

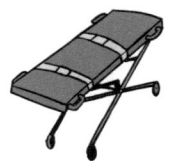

nosidlá
Nosila

teplomer
Klinični termometer

pôrod
Porod

nadváha
Prekomerna teža

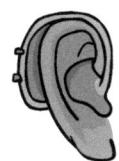

audiofón

Slušni pripomoček

dezinfekčný prostriedok

Razkužilo

infekcia

Okužba

vírus

Virus

HIV / AIDS

HIV / AIDS

medicína

Medicina

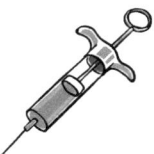

očkovanie

Cepljenje

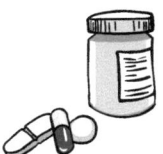

tabletky

Tablete

antikoncepčná pilulka

Tableta

tiesňové volanie

Klic v sili

tlakomer

Merilnik krvnega tlaka

chorý / zdravý

bolano / zdravo

Pomoc!

Na pomoč!

alarm

Alarm

prepad

Napad

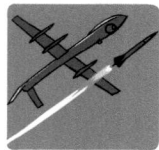

útok

Napad

nebezpečenstvo

Nevarnost

núdzový východ

Izhod v sili

Horí!

Gori!

hasičský prístroj

Gasilni aparat

nehoda

Nezgoda

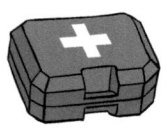

kufrík prvej pomoci

Komplet za prvo pomoč

SOS

SOS

polícia

Policija

Európa
Evropa

Severná Amerika
Severna Amerika

Južná Amerika
Južna Amerika

Afrika
Afrika

Ázia
Azija

Austrália
Avstralija

Atlantický oceán
Atlantski ocean

Tichý oceán
Tihi ocean

Indický oceán
Indijski ocean

Južný oceán
Južni ocean

Severný ľadový oceán
Arktični ocean

Severný pól
Severni tečaj

Južný pól
Južni tečaj

Antarktída
Antarktika

Zem
Zemlja

krajina
Kopno

more
Morje

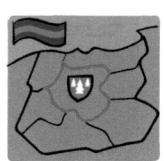

ostrov
Otok

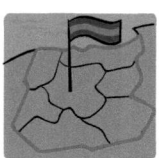

národ
Narod

štát
Država

ciferník

Številčnica

hodinová ručička

Urni kazalec

minútová ručička

Minutni kazalec

sekundová ručička

Sekundni kazalec

Koľko je hodín?

Koliko je ura?

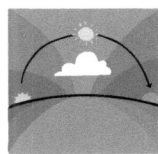

deň

Dan

čas

Čas

teraz

Zdaj

digitálne hodiny

Digitalna ura

minúta

Minuta

hodina

Ura

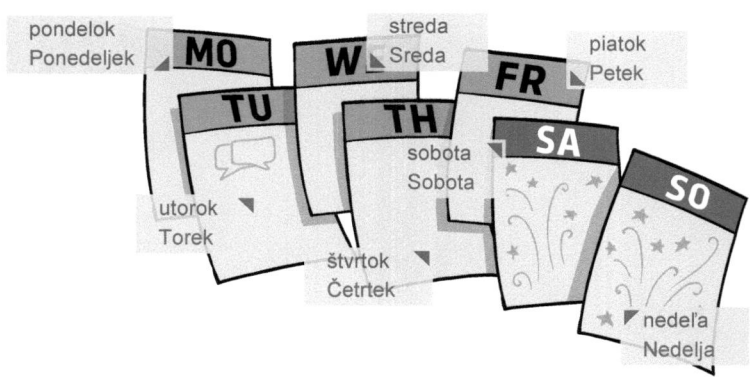

pondelok
Ponedeljek

streda
Sreda

piatok
Petek

utorok
Torek

sobota
Sobota

štvrtok
Četrtek

nedeľa
Nedelja

včera
Včeraj

dnes
Danes

zajtra
Jutri

ráno
Jutro

poludnie
Poldne

večer
Večer

MO	TU	WE	TH	FR	SA	SU
1	2	3	4	5	6	7
8	9	10	11	12	13	14
15	16	17	18	19	20	21
22	23	24	25	26	27	28
29	30	31	1	2	3	4

pracovné dni
Delovni dnevi

MO	TU	WE	TH	FR	SA	SU
1	2	3	4	5	6	7
8	9	10	11	12	13	14
15	16	17	18	19	20	21
22	23	24	25	26	27	28
29	30	31	1	2	3	4

víkend
Konec tedna

rok
Leto

dážď
Dež
dúha
Mavrica
vietor
Veter
sneh
Sneg
jar
Pomlad
jeseň
Jesen
leto
Poletje
zima
Zima

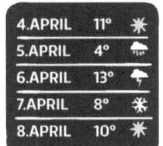

4.APRIL 11°
5.APRIL 4°
6.APRIL 13°
7.APRIL 8°
8.APRIL 10°

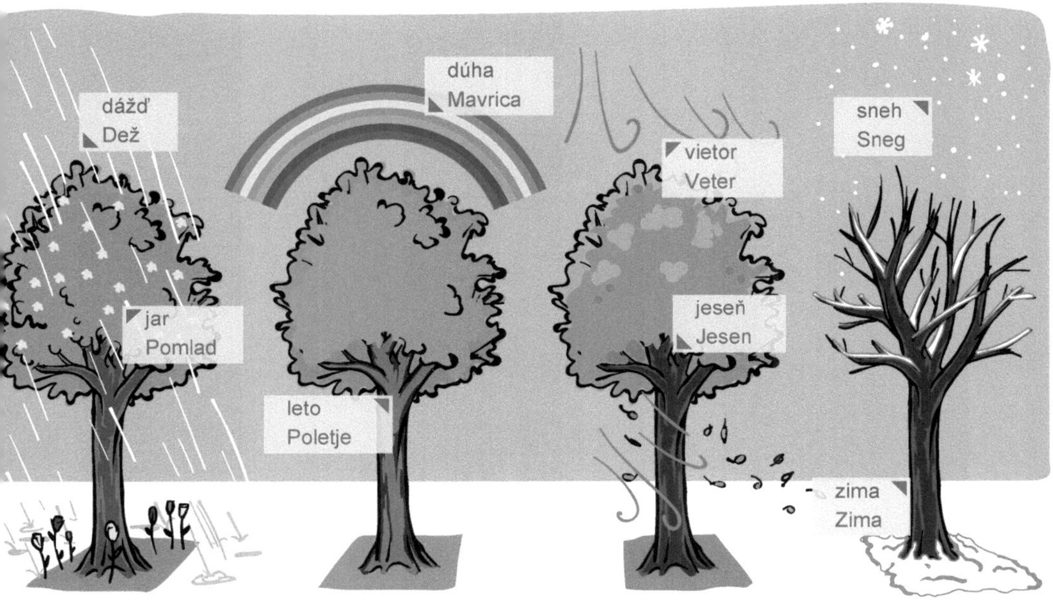

predpoveď počasia

Vremenska napoved

F C
120 40
90 30
60 20
30 10
0 0
-30 -10
-20

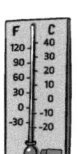

teplomer

Termometer

slnečný svit

Sončna svetloba

oblak

Oblak

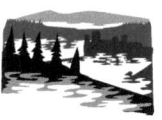

hmla

Megla

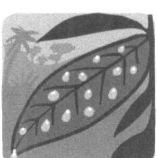

vlhkosť vzduchu

Vlažnost

blesk
Strela

hrom
Grom

búrka
Nevihta

krúpy
Toča

monzún
Monsun

záplava
Poplava

ľad
Led

január
Januar

február
Februar

marec
Marec

apríl
April

máj
Maj

jún
Junij

júl
Julij

august
Avgust

september
....
September

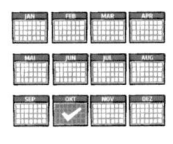

október
....
Oktober

november
....
November

december
....
December

kruh
....
Krogla

štvorec
....
Kvadrat

obdĺžnik
....
Pravokotnik

trojuholník
....
Trikotnik

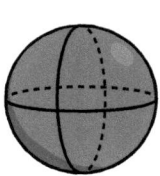

guľa
....
Krogla

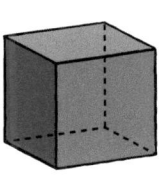

kocka
....
Kocka

biela

Bela

žltá

Rumena

oranžová

Oranžna

ružová

Rožnata

červená

Rdeča

fialová

Vijolična

modrá

Modra

zelená

Zelena

hnedá

Rjava

šedá

Siva

čierna

Črna

veľa / málo

veliko / malo

zúrivý / pokojný

jezno / umirjeno

pekný / škaredý

lepo / grdo

začiatok / koniec

začetek / konec

veľký / malý

veliko / majhno

svetlý / tmavý

svetlo / temno

brat / sestra

brat / sestra

čistý / špinavý

čisto / umazano

úplný / neúplný

popolno / nepopolno

deň / noc

dan / noč

mŕtvy / živý

mrtvo / živo

široký / úzky

široko / ozko

chutný / nechutný

užitno / neužitno

zlostný / láskavý

zlobno / prijazno

vzrušený / unudený

vznemirjeno / zdolgočaseno

tlstý / chudý

debelo / vitko

prvý / posledný

prvo / zadnje

priateľ / nepriateľ

prijatelj / sovražnik

plný / prázdny

polno / prazno

tvrdý / mäkký

trdo / mehko

ťažký / ľahký

težko / lahko

hlad / smäd

lakota / žeja

chorý / zdravý

bolano / zdravo

nelegálny / legálny

nezakonito / zakonito

inteligentný / hlúpy

pametno / neumno

vľavo / vpravo

levo / desno

blízko / ďaleko

blizu / daleč

nový / použitý

novo / rabljeno

nič / niečo

nič / nekaj

starý / mladý

staro / mlado

zapnuté / vypnuté

vklopljeno / izklopljeno

otvorené / zatvorené

odprto / zaprto

tichý / hlasný

tiho / glasno

bohatý / chudobný

bogato / revno

správne / nesprávne

prav / narobe

drsný / hladký

grobo / gladko

smutný / šťastný

žalostno / veselo

krátky / dlhý

kratko / dolgo

pomaly / rýchlo

počasi / hitro

mokrý / suchý

mokro / suho

teplý / studený

toplo / hladno

vojna / mier

vojna / mir

0

nula

Ničla

1

jeden

Ena

2

dva

Dva

3

tri

Tri

4

štyri

Štiri

5

päť

Pet

6

šesť

Šest

7

sedem

Sedem

8

osem

Osem

9

deväť

Devet

10

desať

Deset

11

jedenásť

Enajst

12

dvanásť
Dvanajst

13

trinásť
Trinajst

14

štrnásť
Štirinajst

15

pätnásť
Petnajst

16

šestnásť
Šestnajst

17

sedemnásť
Sedemnajst

18

osemnásť
Osemnajst

19

devätnásť
Devetnajst

20

dvadsať
Dvajset

100

sto
Sto

1.000

tisíc
Tisoč

1.000.000

milión
Milijon

angličtina

Angleščina

americká angličtina

Ameriška angleščina

mandarínska čínština

Mandarinščina

hindčina

Hindujščina

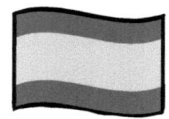

španielčina

Španščina

francúzština

Francoščina

arabčina

Arabščina

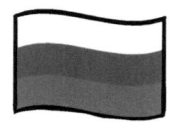

ruština

Ruščina

portugalčina

Portugalščina

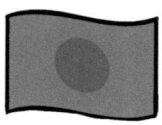

bengálčina

Bengalščina

nemčina

Nemščina

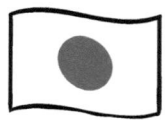

japončina

Japonščina

ja

Jaz

ty

Ti

on/ona/ono

On / ona / tisto

my

Mi

vy

Vi

oni

Oni

kto?

Kdo?

čo?

Kaj?

ako?

Kako?

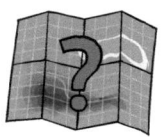

kde?

Kje?

kedy?

Kdaj?

meno

Ime

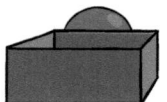

za

Zadaj

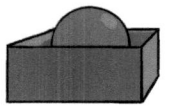

v

V

pred

Pred

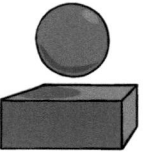

nad

Nad

na

Na

pod

Pod

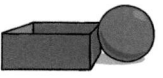

vedľa

Poleg

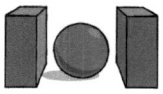

medzi

Med

miesto

Kraj